아미르 부르슈, 알베르 만,
인터넷에 과학 지식을 올려 주는 사람들,
드니 반 베레베크, 코린 베로,
그리고 많은 인내심을 보여 준
생물학 박사 뤼시유 오리소에게
깊은 고마움을 전합니다.

뚝딱뚝딱 인체 만들기
오빠 만들기

글·그림 아나이스 보줄라드
옮김 권지현

길벗어린이

목 차

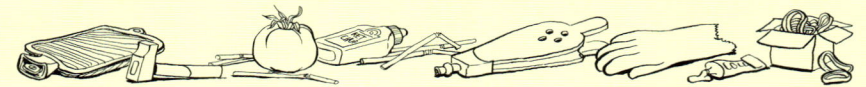

뼈 알아보기 ····· 10

뼈, 관절 만들기 ····· 12

인대, 근육 만들기 ····· 14

근육 알아보기 ····· 16

신경 만들기 ····· 18

눈, 귀 만들기 ····· 20

코, 입 만들기 ····· 22

뇌, 수용기 알아보기 ····· 24

뇌 만들기 ····· 26

잠 알아보기 ····· 28

소화 기관 만들기 ····· 30

심장, 혈관 만들기	……	32
허파 만들기	……	34
근육 만들기	……	36
콩팥, 방광 만들기	……	38
피부 만들기	……	40
생식 기관 알아보기	……	42
세포 알아보기	……	44
털, 손발톱 만들기	……	46
완성	……	48
깨우기	……	50
같이 놀자!	……	56

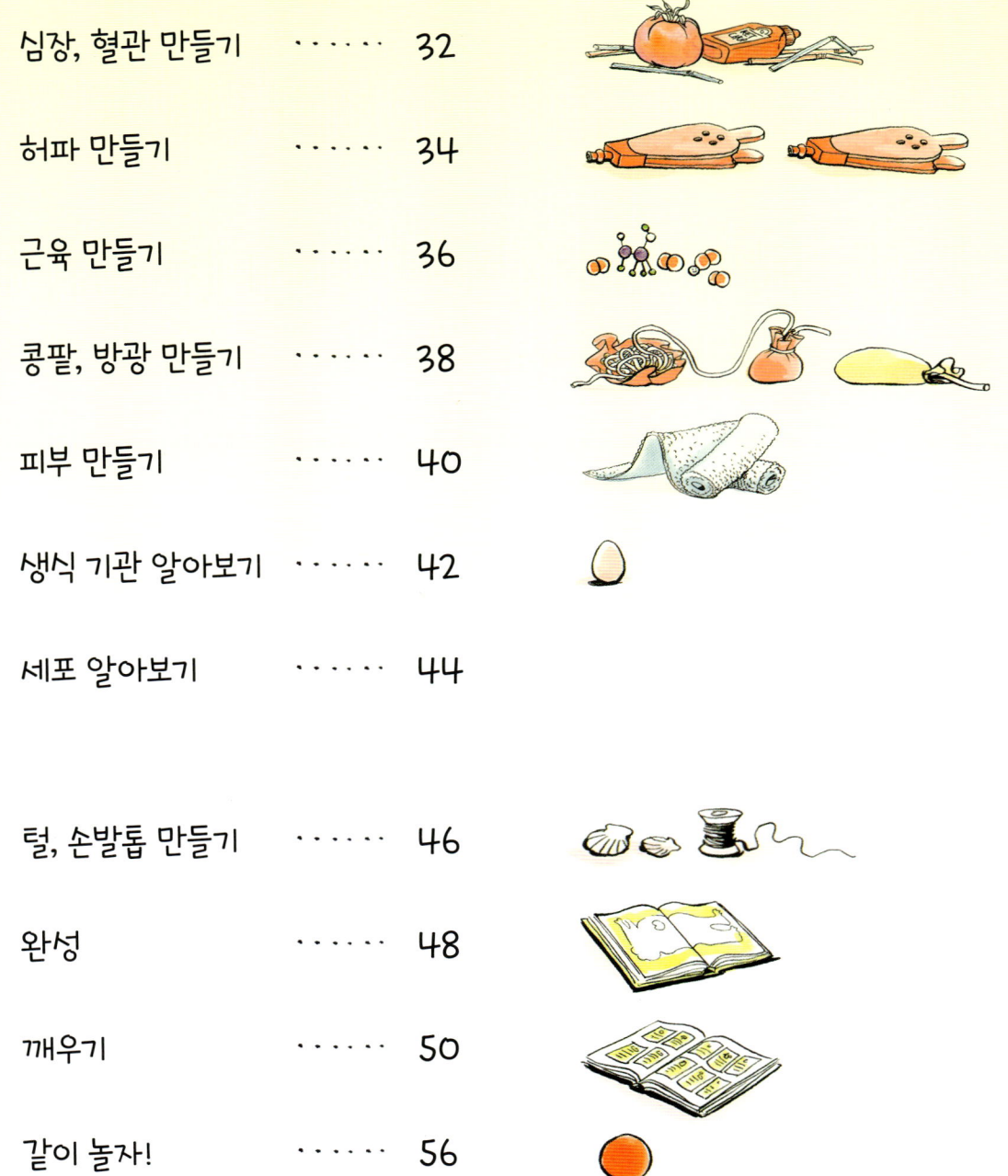

엘리는 오늘 오빠를 만들 거예요.

동생 마리아나가 있지만 아직 빨리 걷지도 못하고 공놀이도 할 줄 몰라요.
그래서 엘리는 오빠가 갖고 싶어요. 오빠가 있으면 같이 실컷 놀 수 있을 거예요.
어떤 오빠를 만들지도 벌써 다 생각해 놨다고요.

장난감 친구들이 엘리를 도와주기로 했어요.
악어는 엘리에게 《백과사전》을 빌려준대요.
궁금한 게 생길 때마다 《백과사전》에서 답을 찾으면 돼요.

오빠를 만들 때 가장 먼저 필요한 건 튼튼한 뼈예요.
장난감 친구들은 악어도 뼈가 있는지 물었어요.
"그럼. 나도, 엘리도 뼈가 있는걸. 우리 뼈는 몸 안에 있어서 보이지 않아."
뼈 중에서 몸을 지탱하는 큰 뼈를 '뼈대' 혹은 '골격'이라고 해요.

악어나 엘리처럼 몸 안에 뼈대가 있는 것을 '내골격'이라고 해요.
플라스틱 인형은 몸속이 비어 있고, 새우나 게처럼 겉이 딱딱해요.
이렇게 몸 바깥쪽에 골격이 있는 것을 '외골격'이라고 해요.

솜 인형은 민달팽이나 지렁이처럼 몸 안에도, 밖에도 뼈가 없어요.
그 대신 몸 안에 솜이 가득 채워져 있어요.
민달팽이나 지렁이의 몸속은 솜이 아니라 근육으로 채워져 있어요.

카우보이 인형의 말처럼 뼈는 딱딱해서 구부러지지 않아요.
그 대신 뼈와 뼈가 연결되는 관절로 몸을 구부릴 수 있지요.
악어가 자기 몸의 어느 부분이 어떻게 구부러지는지 보여 주었어요.

장난감 친구들은 악어가 가르쳐 주는 대로, 막대를 톱으로 켜고
가위와 칼로 다듬었어요.
짧은 뼈, 긴 뼈, 휘어진 뼈, 상자 모양의 뼈, 구멍 뚫린 뼈, 움푹 파인 뼈……
《백과사전》에 악어의 모든 뼈가 그림으로 그려져 있었어요.

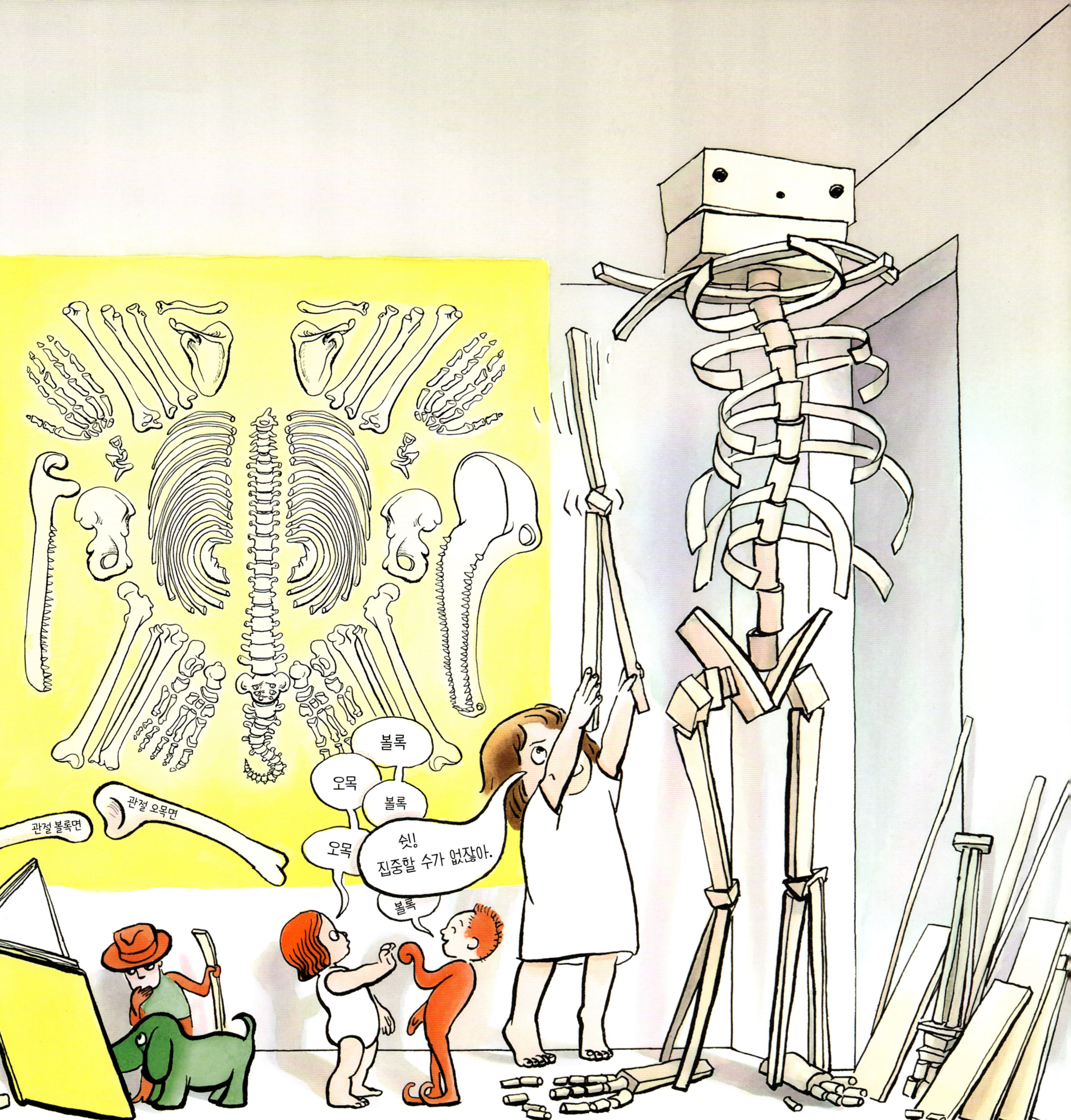

뼈들이 서로 잘 연결되려면 아귀가 딱 맞아야 해요.
그러려면 한쪽은 볼록 튀어나오고, 다른 쪽은 오목하게 파여 있어야 하지요.

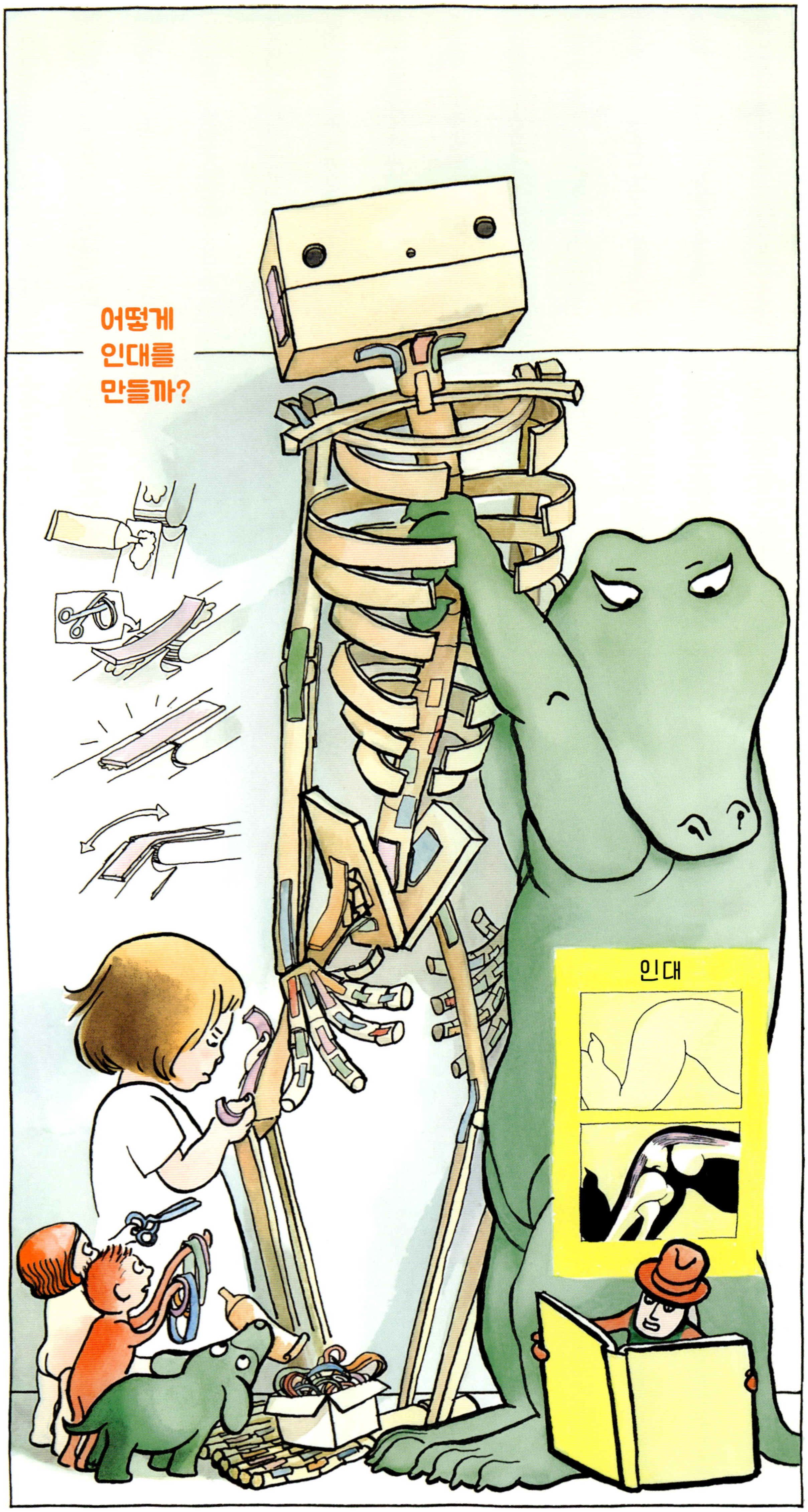

어떻게 인대를 만들까?

우당탕탕! 앗, 엘리의 오빠가 무너졌어요.
오빠가 서 있으려면 어떻게 해야 할까요? 풀로 붙일까요?
못으로 박을까요? 그럼 관절을 움직일 수 없을 거예요.

엘리는 《백과사전》을 힐끔 보고 답을 찾았어요.
바로 고무줄로 뼈를 연결하는 거예요.
"엘리가 인대를 만들었군." 카우보이 인형이 말했어요.

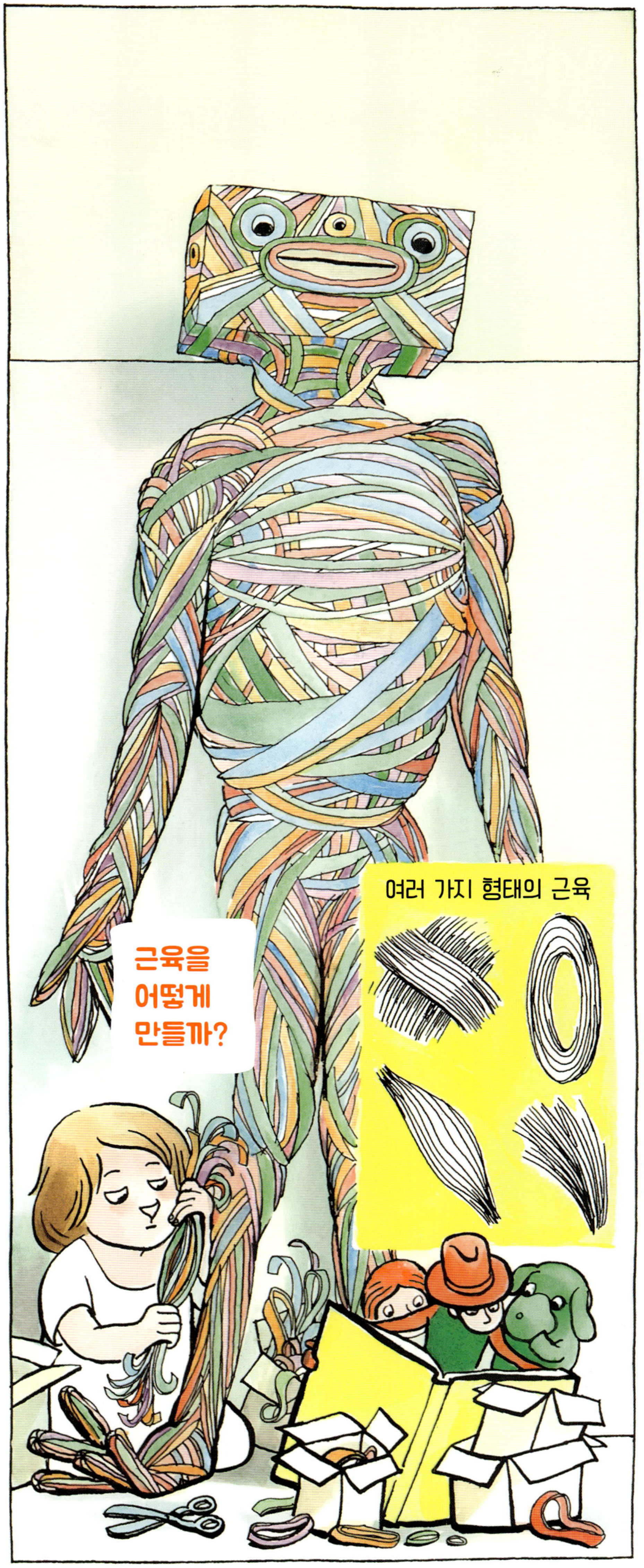

띠용~ 오빠의 몸이 국수 가락처럼 흐느적거려요. 대체 왜 이럴까요?
"고무줄 좀 더 갖다 줘!" 엘리가 친구들에게 부탁했어요.
엘리는 여러 개의 고무줄을 겹쳐서 고무줄 뭉치로 만들었어요.

근육을 어떻게 만들까?

여러 가지 형태의 근육

납작한 뭉치, 고리 모양 뭉치, 두툼한 뭉치, 기다란 뭉치가 만들어졌어요.
엘리는 고무줄 뭉치들을 여러 겹으로 둘러 뼈대를 부드럽게 감쌌어요.
"엘리가 근육을 만들었어!" 초록색 강아지 인형이 말했어요.

엘리는 다리가 아무 방향으로나 구부러지지 않는다는 걸 알게 되었어요.
다리의 주요 관절 4개가 구부러지는 방향을 정하지요.
바로 엉덩 관절, 무릎 관절, 발목 관절, 발가락 관절이에요.

머리에는 관절이 하나밖에 없어요. 바로 턱뼈예요.
얼굴로 여러 가지 다양한 표정을 지을 수 있는 건 얼굴에 있는 수많은 근육이 움직이기 때문이에요.

엘리는 《백과사전》을 보고 근육이 딱 두 가지 일을 한다는 걸 알았어요. 바로 수축과 이완이에요. 한쪽 근육이 수축하면 다른 쪽 근육은 반드시 이완해야 해요. 둘 다 수축만 하거나 이완만 하면 우리는 몸을 꼼짝할 수 없을 거예요.

이제, 근육이 모두 완성되었어요. 하지만 오빠는 아직 움직이지 못해요. 움직여 보라고 말해도 귀가 없어서 듣지 못할 거예요. 듣는다 해도 뇌가 없어서 무슨 뜻인지 알아듣지 못할 거예요.

뇌는 몸의 꼭대기에 있는 머리뼈 안에 잘 숨어 있어요.
뇌는 보지도 못하고 듣지도 못하고 느끼지도 못하지만 몸의 대장이에요.
모든 것을 결정하는 게 바로 뇌거든요.

뇌가 올바른 결정을 하려면 눈, 코, 입, 귀, 피부 같은 감각 기관들이
색깔, 냄새, 맛, 소리, 촉감을 잘 잡아야 해요.
그리고 그 정보를 전기 신호로 바꿔서 뇌로 보내야 해요.
뇌는 전기 신호만 알아들을 수 있거든요.

엘리는 장난감 친구들의 도움을 받아 감각 기관들과 뇌를 연결했어요.
전깃줄은 정보를 전달하는 신경이에요.
엘리는 장난감 친구들에게 뇌와 감각 기관이 어떻게 연락을 주고받는지 알려 주기로 했어요.

엘리가 태어나서 처음 공놀이를 했던 갓난아기 때 모습을 보여 주었지요.
친구들은 낄낄대며 장난을 쳤고, 코끼리는 감각 기관이 들어갈 자리를 꼼꼼하게 확인했어요.

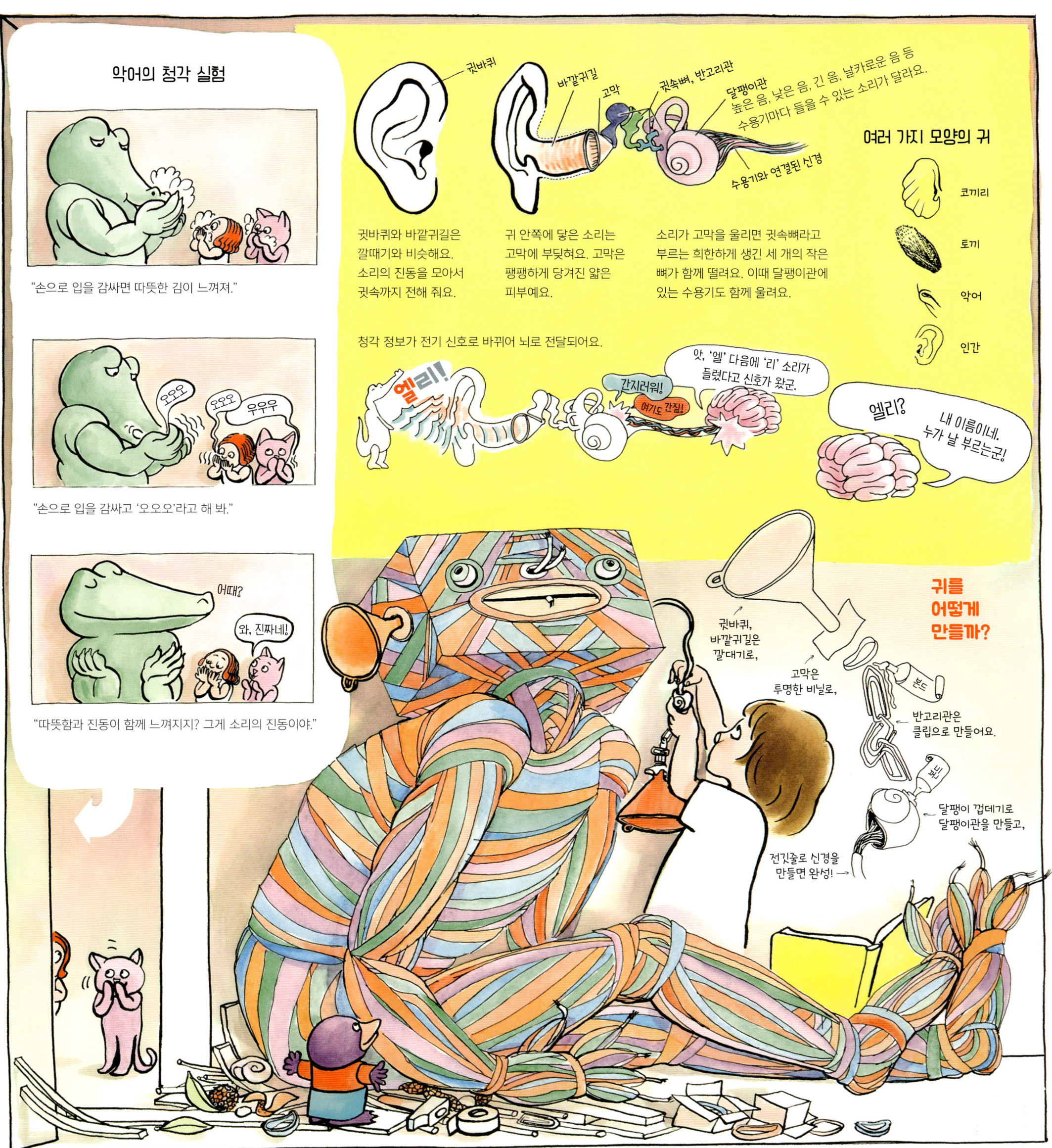

악어의 후각, 미각 실험

코는 냄새를, 입속의 혀는 맛을 감지해요. 단맛, 짠맛, 신맛, 쓴맛, 매운맛, 싱거운 맛, 따뜻함, 차가움, 기름짐, 메마름, 촉촉함 등 수용기에 따라 감지할 수 있는 맛과 냄새가 달라요.

옆방에서는 악어가 후각과 미각에 관한 실험을 해요.
눈은 가린 채 코로 냄새를 맡고 혀가 맛을 본 뒤 어떤 음식인지 뇌가 맞추는 거예요.

엘리는 오빠의 신경에 혀와 코를 연결했어요.
그런데 오리와 카우보이 인형은 엘리의 코가 고양이 코와 닮았다고 했어요.
궁금해서 《백과사전》을 찾아보았지만 이유를 알 수 없었어요.

보고, 듣고, 냄새 맡고, 맛을 보았으니 이제 만질 때가 되었어요.

코끼리의 코끝에는 수용기가 많이 몰려 있어요. 민달팽이는 더듬이에,
고양이는 수염에 수용기가 많이 있어요. 엘리는 오빠의 손가락에 수용기를 많이 넣었어요.

피부를 어떻게 만들까?

고무장갑으로 피부를 만들어요.

엘리는 전깃줄 끝부분을 밖으로 삐져나오게 만들었어요. 나중에 피부와 연결할 거예요.

오빠가 무언가를 만지고 촉감을 느끼려면 피부가 있어야 해요.
엘리는 오빠가 완성되기 바로 전에 피부를 만들기로 했어요.
그래도 지금 당장 뭔가를 느낄 수 있도록 오빠 손에 장갑을 끼워 줬어요.
그리고 장갑과 손의 신경을 연결했어요.

문지르는 느낌, 스치는 느낌, 찔리는 느낌, 누르는 느낌 등
수용기마다 느낄 수 있는 감각이 달라요.
그리고 다른 감각 기관과 마찬가지로 피부의 수용기들도 뇌로
전기 신호를 보내지요.

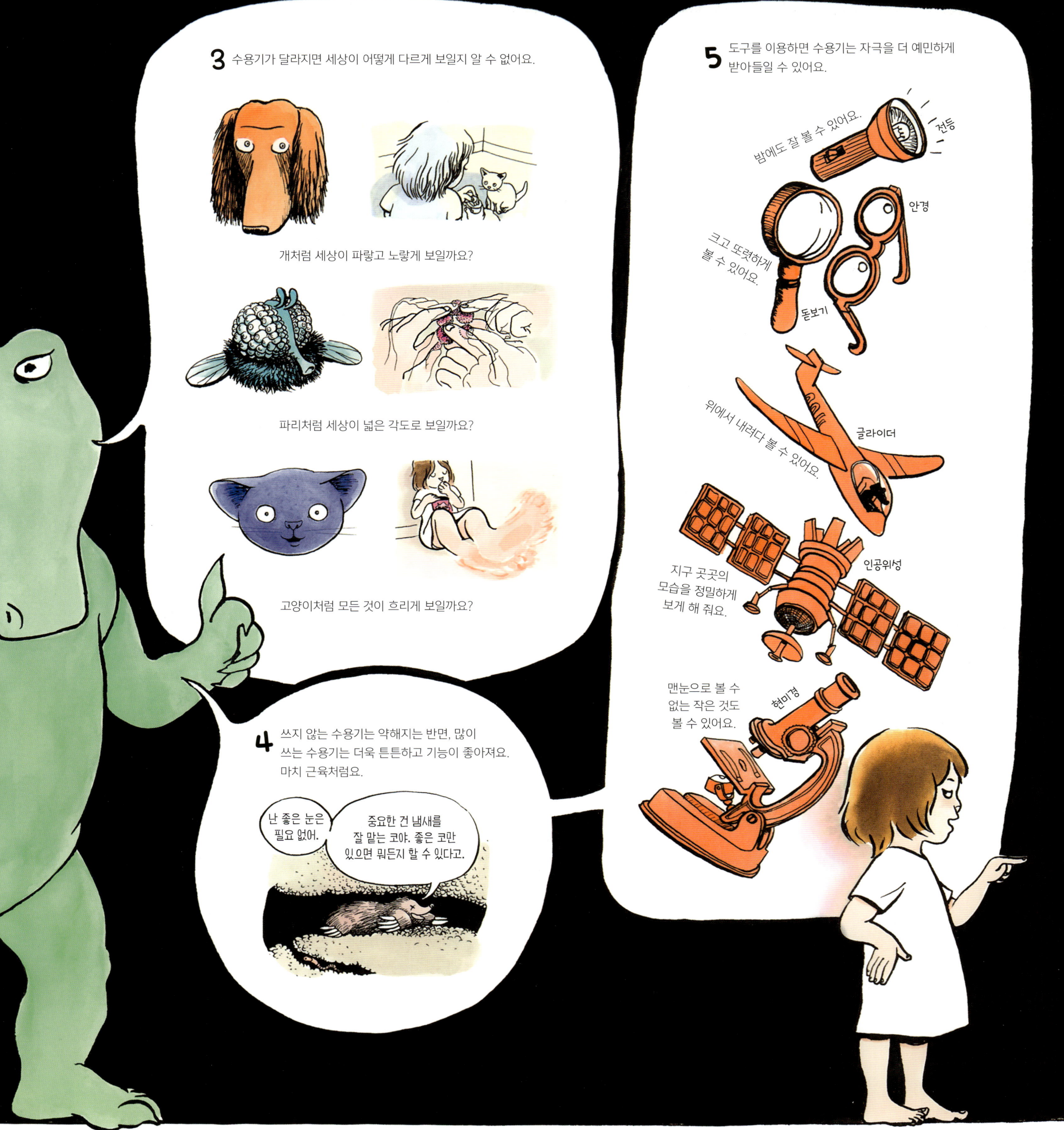

3 수용기가 달라지면 세상이 어떻게 다르게 보일지 알 수 없어요.

개처럼 세상이 파랗고 노랗게 보일까요?

파리처럼 세상이 넓은 각도로 보일까요?

고양이처럼 모든 것이 흐리게 보일까요?

4 쓰지 않는 수용기는 약해지는 반면, 많이 쓰는 수용기는 더욱 튼튼하고 기능이 좋아져요. 마치 근육처럼요.

난 좋은 눈은 필요 없어.

중요한 건 냄새를 잘 맡는 코야. 좋은 코만 있으면 뭐든지 할 수 있다고.

5 도구를 이용하면 수용기는 자극을 더 예민하게 받아들일 수 있어요.

밤에도 잘 볼 수 있어요. — 전등

크고 또렷하게 볼 수 있어요. — 안경, 돋보기

위에서 내려다 볼 수 있어요. — 글라이더

지구 곳곳의 모습을 정밀하게 보게 해 줘요. — 인공위성

맨눈으로 볼 수 없는 작은 것도 볼 수 있어요. — 현미경

어떤 수용기가 약해지면 다른 수용기들이 힘을 합해 그 일을 대신할 수 있어요.
수용기의 기능은 더 좋아질 수 있지요.

엘리가 끼어들어 말했어요.
"그래서 나도 오빠를 만드는 거야."

뇌

뇌는 머리뼈 안에 있어요. 머리뼈가 뇌를 담는 상자인 셈이에요.

수용기에서 보낸 전기 신호는 일단 중추신경에서 정보의 종류에 따라 분류되어 뇌의 여러 곳으로 보내져요.

몸 곳곳에서 정보를 전달하는 신경 세포를 뉴런이라고 해요. 뉴런은 약 백만 개의 다른 뉴런과 연결되어 있어요.

뇌에는 아주 많은 뉴런이 있어요. 마치 도시가 건물로 가득 차 있는 것처럼요.

전기 신호는 뉴런을 통해 이동하면서 흔적을 남겨요. 동물들이 주변에 자기 몸의 냄새를 남기는 것과 비슷해요.

← 자주 지나갈수록 흔적이 많이 남아요.

뉴런에서 뉴런으로 정보가 이동하는 경로에 따라 생각이 만들어져요. →

정보 중에는 아주 중요한 것도 있고 덜 중요한 것도 있어요.

오빠의 뇌를 완성하려면 4가지 감각 기관이 더 필요해요. 바로 온도 감각, 평형 감각, 고유 감각, 통각이에요. 눈이나 귀와 다르게 이 감각 기관들을 눈에 보이지 않아요.

온도 감각은 더위와 추위를 느끼는 감각이에요. 평형 감각으로는 몸의 균형을 맞출 수 있어요. 우리 몸이 똑바로 서 있는지 넘어지기 직전인지 느끼지요.

고유 감각은 눈을 감아도 손이나 발이 어디에 있는지 알 수 있게 해요.
통각은 아픔을 느끼는 감각이에요.
장난감 친구들이 마늘로 통각 실험을 했어요.

마늘이 "아야!" 하자 오리가 만족스러운 표정을 짓네요.
악어는 성냥갑을 서로 연결해서 뇌를 만들었어요.
그리고 뇌를 신경에 연결했어요.

드디어 모든 준비가 끝났어요.

엘리가 큰 소리로 "작동!"이라고 외쳤어요.
하지만 오빠는 움직이지 않았어요.

뇌 속에서 일어나는 일들

깨어 있을 때
뇌는 감각 기관에서 보내는 신호를 주의 깊게 받아들여요. 이 정보들을 분류하고 연결시켜 바깥 세계를 이해해요. 뇌 안에서 바깥 세계의 모습이 재구성되는 거예요.

잠잘 때
뇌의 주의력이 줄어들어서 바깥에서 들어오는 신호를 받지 못해요. 대신 이전에 받았던 신호들을 다시 기억하고 그 정보들을 재구성해서 꿈의 세계를 만들어요.

꿈을 꿀 때
꿈은 머릿속에서만 일어나는 일이에요. 꿈을 꿀 때 깨어 있는 듯 실제처럼 느껴지는 이유는 꿈과 현실 모두 같은 뇌에서 재구성한 세계이기 때문이에요.

엘리는 오빠가 잠을 잔다고 생각했어요.
악어는 연료가 없어서 오빠가 움직이지 않는 거라고 했어요.

자동차에 연료가 없는 것처럼요.
오빠가 움직일 수 있도록 연료가 될 영양소를 줘야 해요.

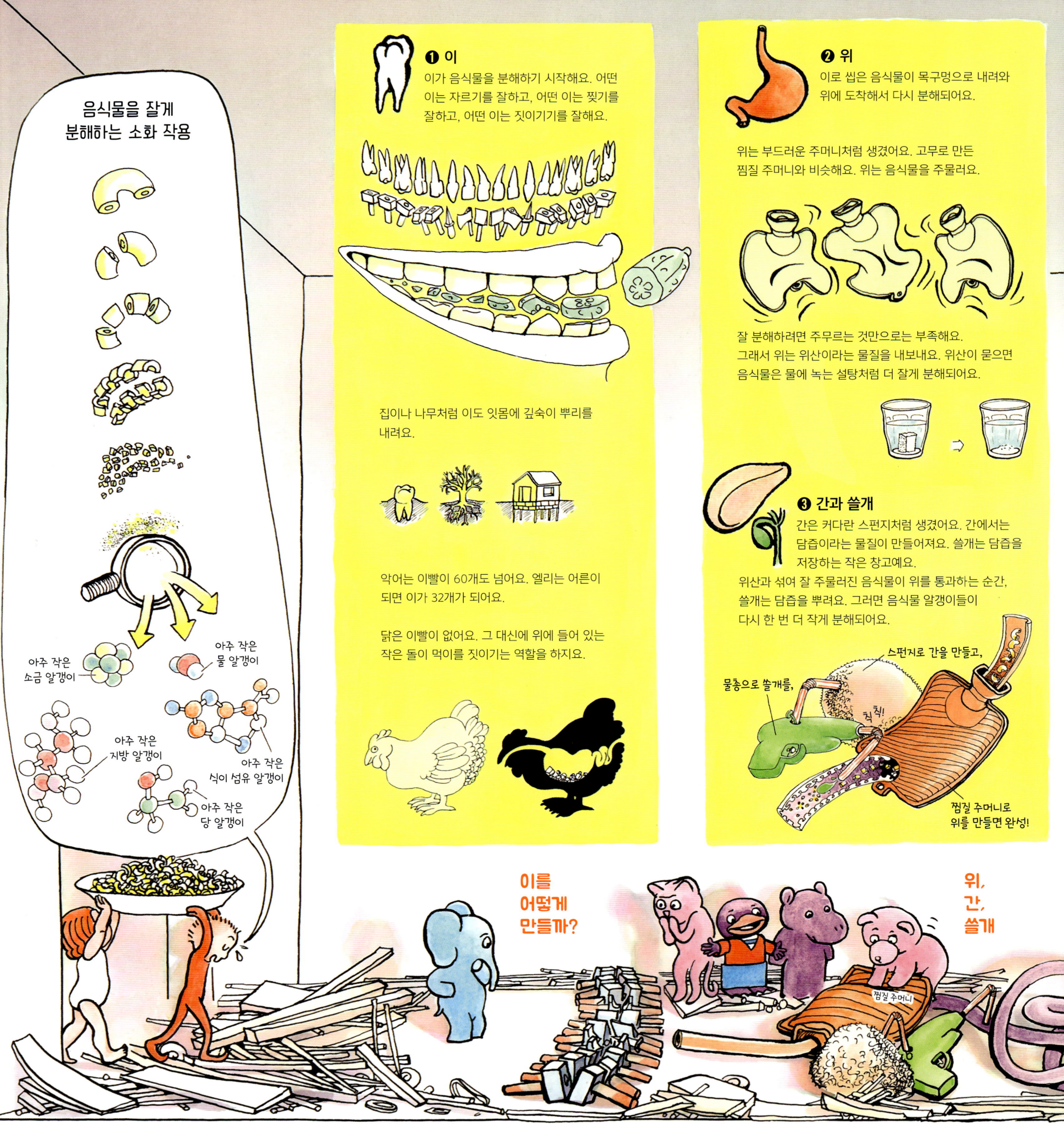

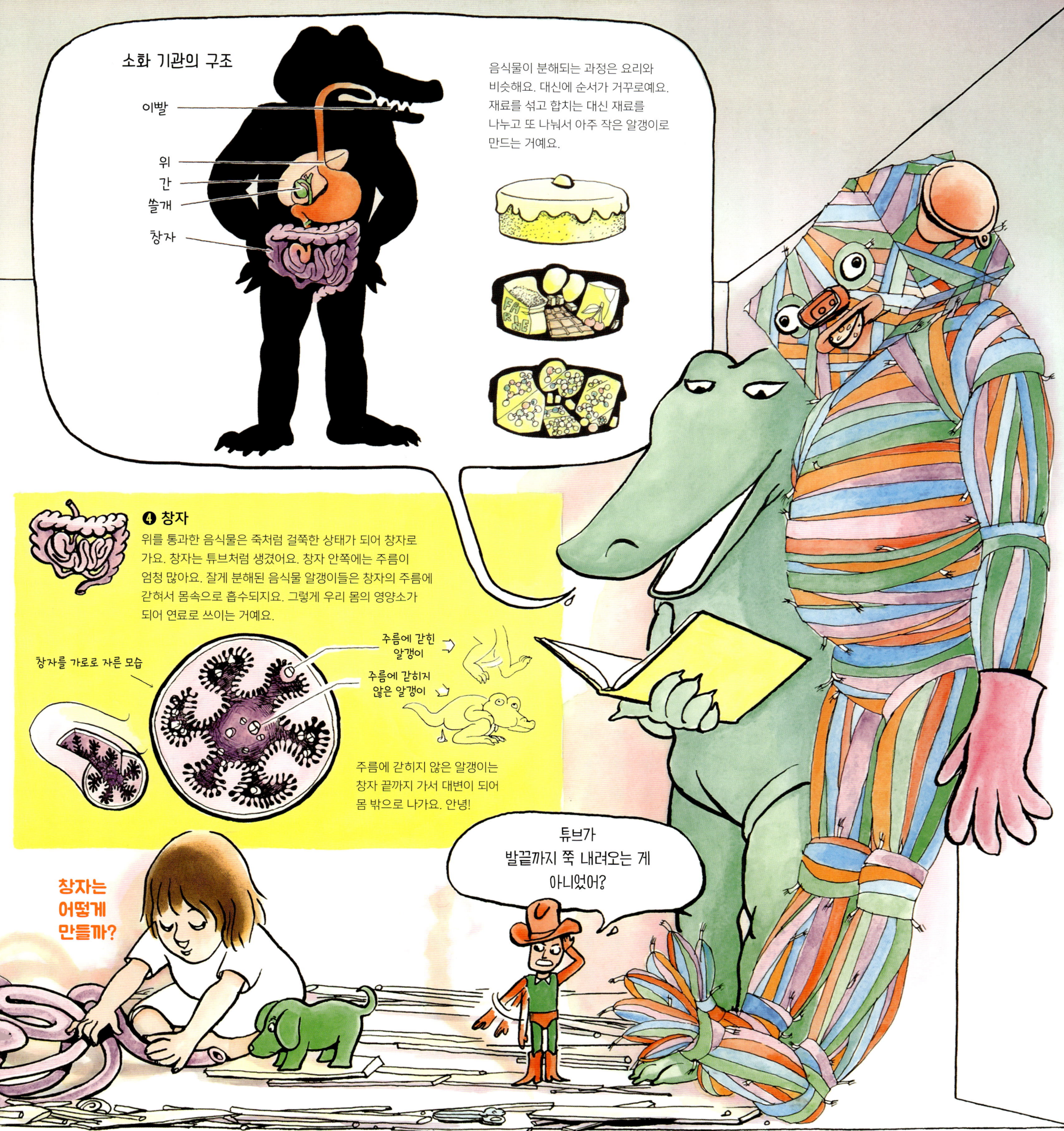

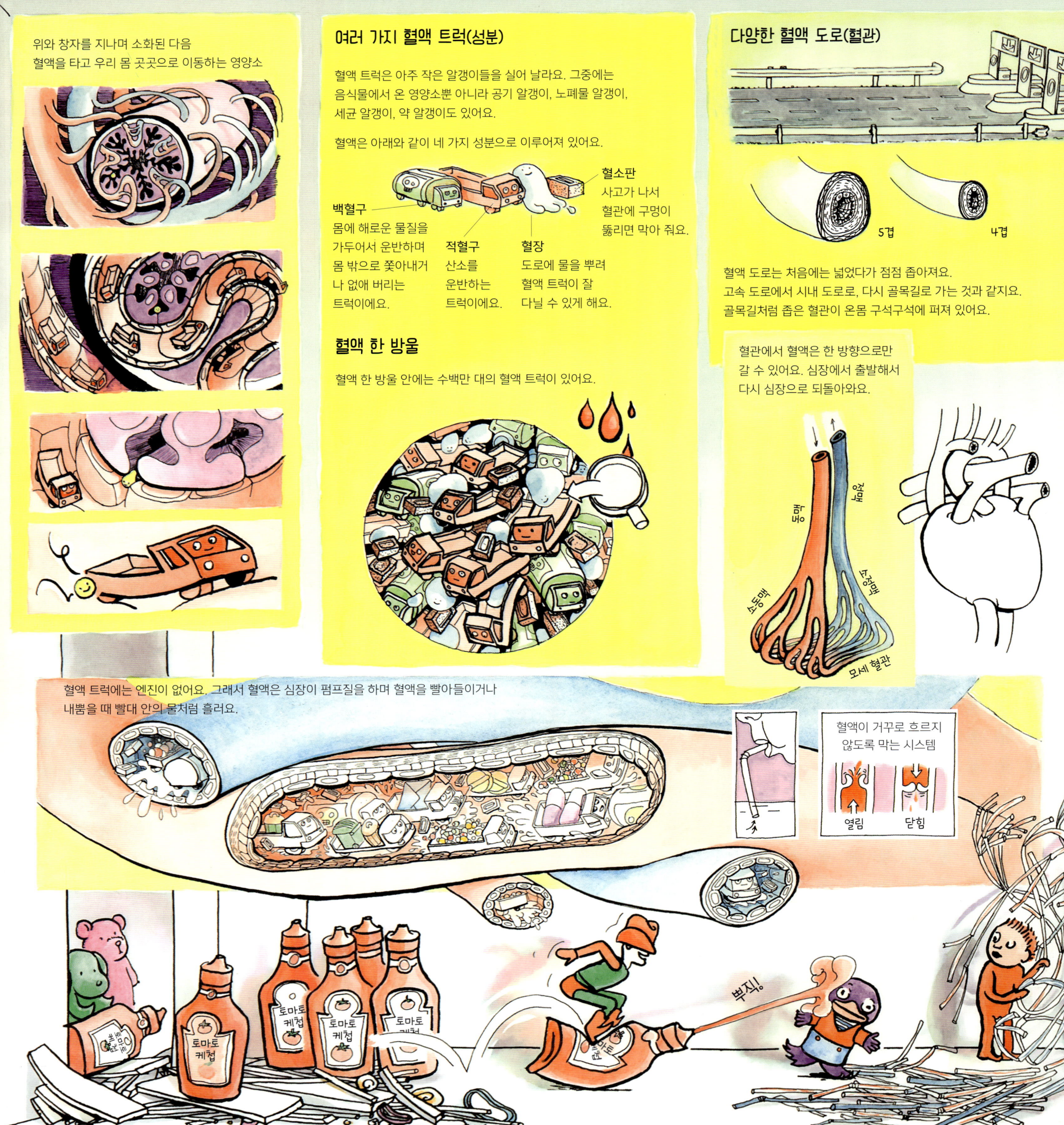

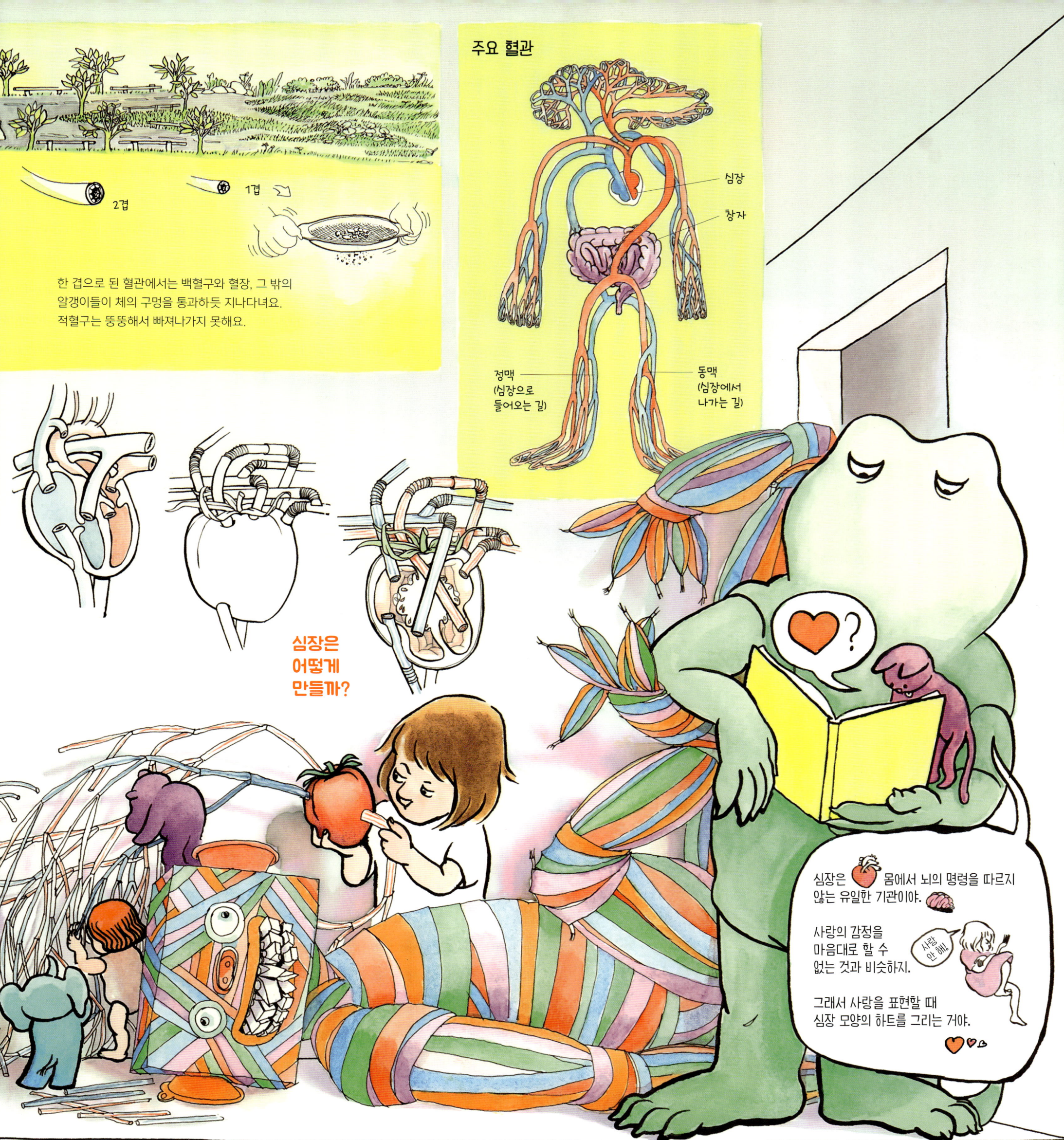

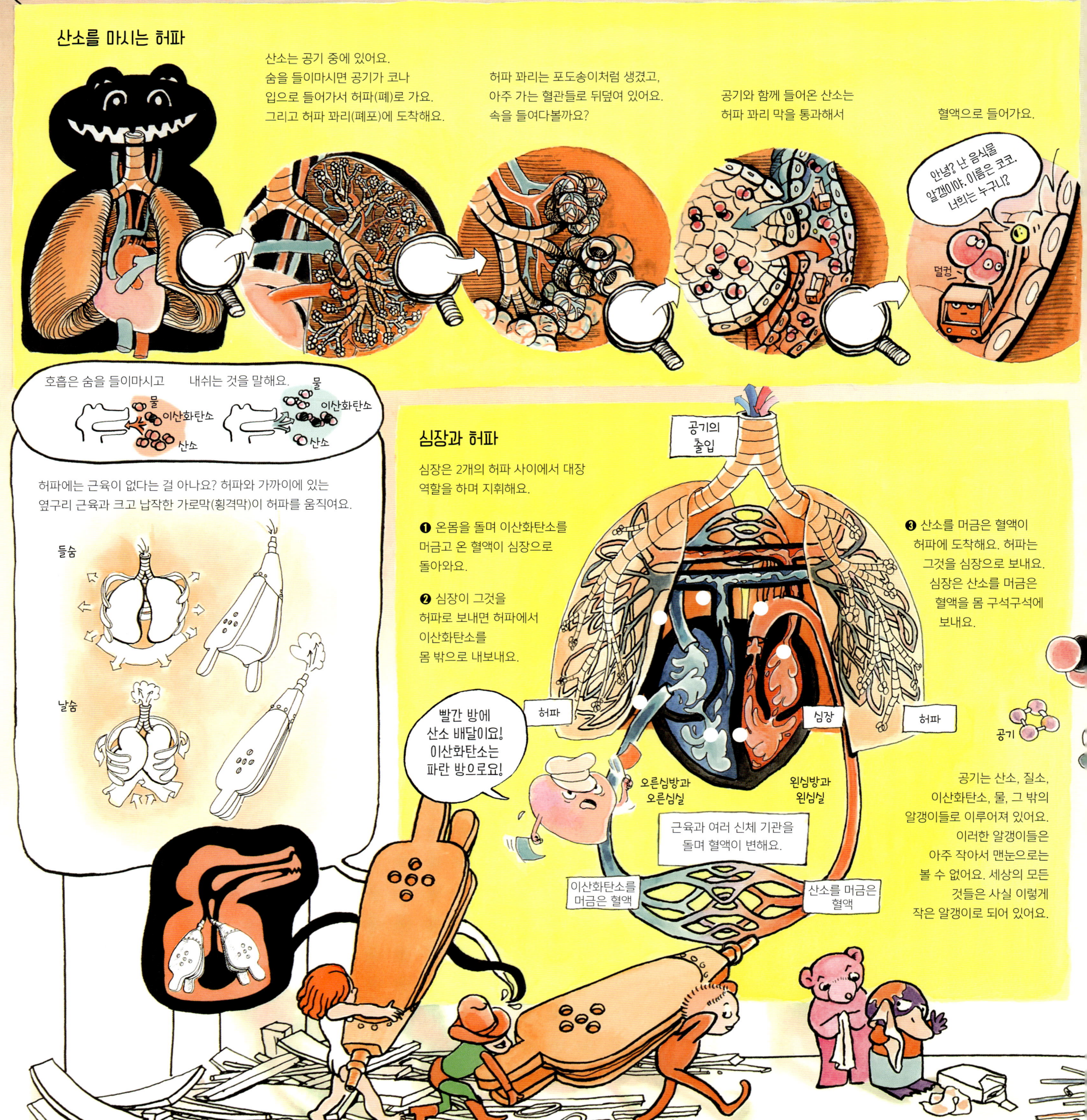

근육 속에서 일어나는 일

'코코'는 아주 작은 음식물 알갱이예요. 코코는 조금 전 터널 안에서 산소 알갱이 '오투'를 만났어요.

코코와 오투가 갑자기 떼밀리기 시작했어요.

떼밀린 코코와 오투는 터널 막을 통과해서,

근육 속에서 다시 만났어요. 정확히 말하면 근섬유 안에서요. 이곳에는 여러 개의 미토콘드리아가 있었어요.

오투와 코코는 미토콘드리아에 가까이 다가갔어요.

미토콘드리아는 건물 입구와 비슷해요. 근육이 크게 수축하기 전에 알갱이들은 이곳에서 준비를 해요. 아데노신 알갱이와 3개의 인산 알갱이가 뭉쳐서 '아데노신삼인산'이라는 팀을 이루어요. 이 물질은 근육을 수축시킬 에너지를 얻을 수 있는 연료예요.

모두가 팀에 들어갈 수는 없지만 하나도 빠짐없이 서로 도와요.

미토콘드리아는 근섬유의 중심으로 굴러가서 뱃사공의 방으로 갔어요. 이곳이 바로 근육의 수축이 일어나는 곳이에요.

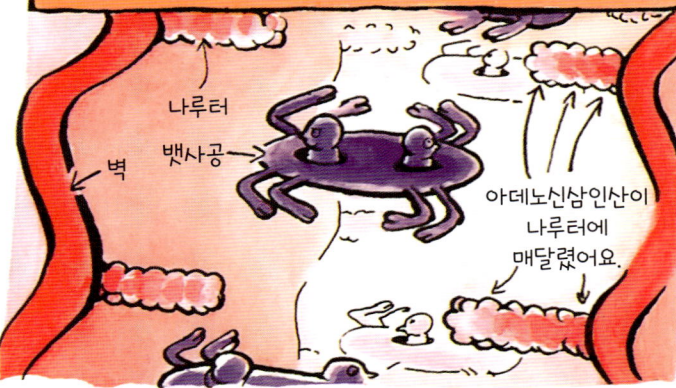
뱃사공의 방 양쪽에는 벽이 있어요. 벽에는 나루터가 붙어 있고, 사이사이에 배가 떠 있어요. 배에는 서로 반대 방향을 바라보는 2명의 뱃사공이 타고 있어요. 벽이 서로 가까워지면 근육이 수축하고, 멀어지면 근육이 이완해요.

그때 뇌가 신호를 보냈어요.

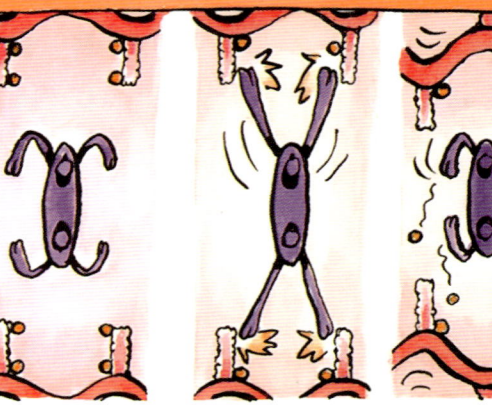
여기는 뇌다. 내가 '시작'이라고 외치면 수축한다, 오버! 시작!

아데노신삼인산들이 나루터에 자리를 잡자 뱃사공들이 열심히 노를 저어요. 영차! 영차! 그들은 마치 자석처럼 아데노신삼인산에 끌려요. 아데노신삼인산의 알갱이가 노에 딸려 떨어져 나가면서 그 힘으로 나루터가 배 쪽으로 당겨졌어요. 그러면서 두 벽이 서로 가까워졌어요.

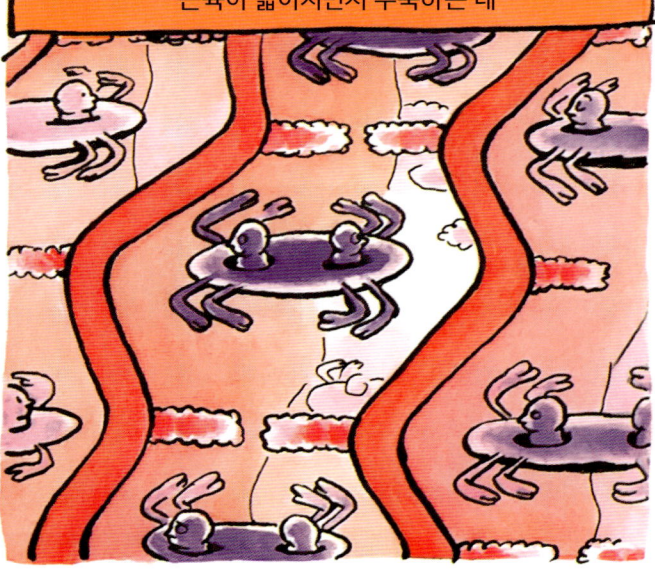
근육이 짧아지면서 수축하는 데 성공했어요.

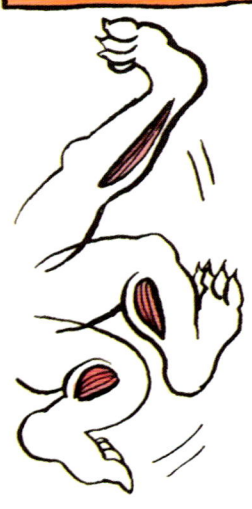
브라보! 대단한 수축이었어. 이제 이완하도록!

뇌가 명령을 내리자 벽들이 원래 자리로 되돌아갔어요.

알갱이들은 모두 근육에서 나와요. 탈출!

인산이 떨어져 나간 아데노신 알갱이와 그대로 붙어 있는 아데노신삼인산 모두요.

그리고 다시 혈액을 타고 이동했어요.

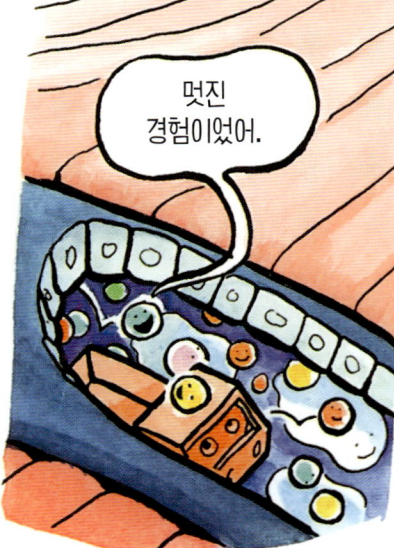
멋진 경험이었어.

물 알갱이들은 퍼즐 조각처럼 결합되고 분리될 수 있어요.
꽃 모양으로 결합되면 얼음이에요.

엎치락뒤치락 굴러다니면 물이에요.

알갱이들이 서로 더 멀어지면 수증기지요.

"그래도 우리 몸속에는 아직 많은 물이 남아 있어." 엘리가 말했어요.
장난감 친구들은 엘리가 장난을 친다고 생각했지만 엘리의 말은 사실이에요.
엘리의 몸은 다양한 알갱이로 이루어졌고 그중에는 물 알갱이가 굉장히 많아요. 눈사람은 거의 물 알갱이로만 이루어져 있을 거예요.

악어는 알갱이들을 작은 벽돌이나 퍼즐 조각과 같다고 설명해요.
어떻게 쌓아올리느냐에 따라서 완전히 달라지거든요.
오리는 악어의 설명이 신기한 마술 같다고 생각했어요.

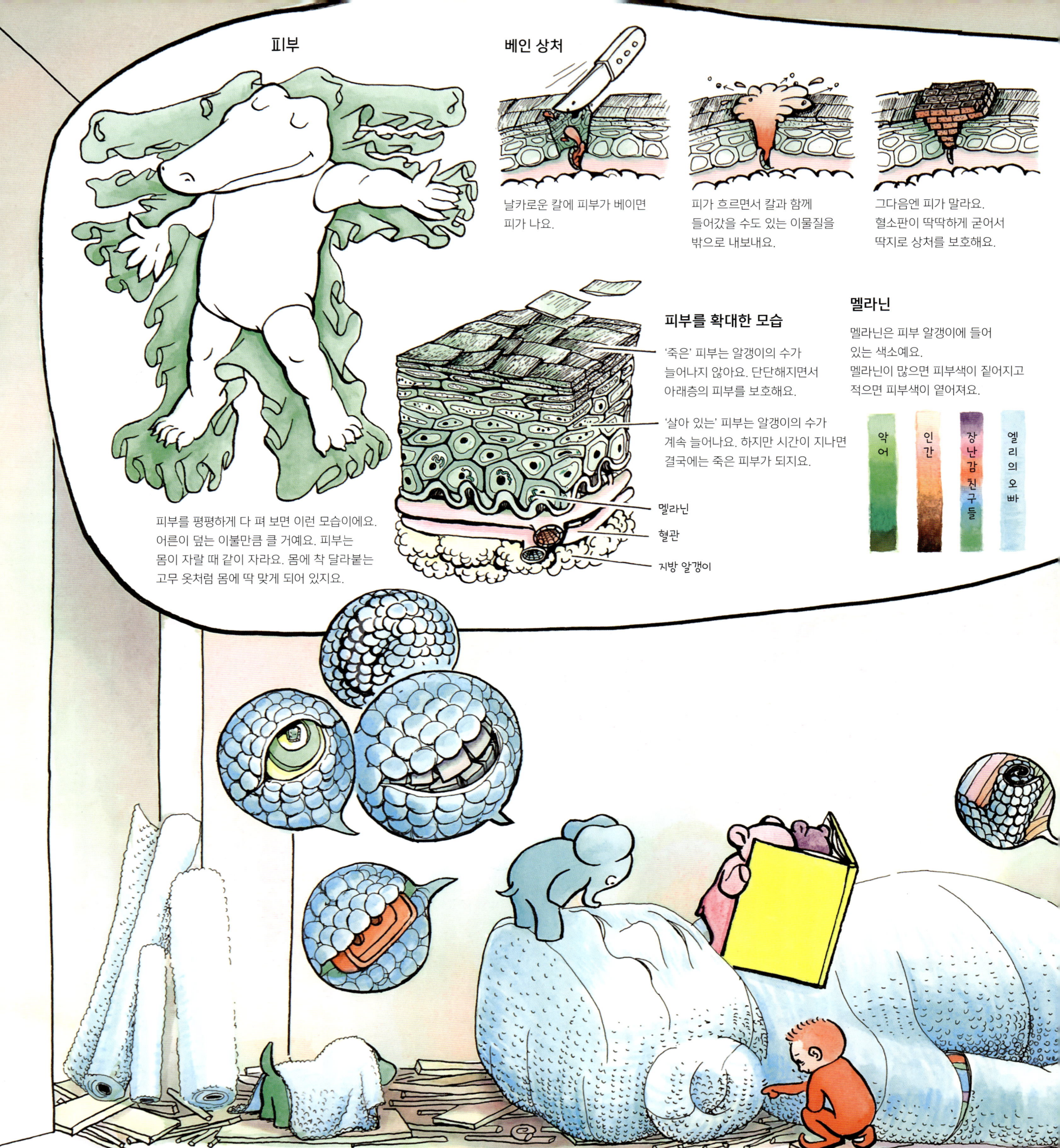

피부

베인 상처
날카로운 칼에 피부가 베이면 피가 나요.

피가 흐르면서 칼과 함께 들어갔을 수도 있는 이물질을 밖으로 내보내요.

그다음엔 피가 말라요. 혈소판이 딱딱하게 굳어서 딱지로 상처를 보호해요.

피부를 확대한 모습
- '죽은' 피부는 알갱이의 수가 늘어나지 않아요. 단단해지면서 아래층의 피부를 보호해요.
- '살아 있는' 피부는 알갱이의 수가 계속 늘어나요. 하지만 시간이 지나면 결국에는 죽은 피부가 되지요.

멜라닌
혈관
지방 알갱이

멜라닌
멜라닌은 피부 알갱이에 들어 있는 색소예요.
멜라닌이 많으면 피부색이 짙어지고 적으면 피부색이 옅어져요.

악어 | 인간 | 장난감 친구들 | 엘리의 오빠

피부를 평평하게 다 펴 보면 이런 모습이에요. 어른이 덮는 이불만큼 클 거예요. 피부는 몸이 자랄 때 같이 자라요. 몸에 착 달라붙는 고무 옷처럼 몸에 딱 맞게 되어 있지요.

이제 오빠의 몸을 피부로 싸는 일만 남았어요.
거기에 신경을 연결하면 오빠가 촉감을 느낄 수 있게 되어요.
엘리는 포장용 비닐을 사용해 오빠의 피부를 만들었어요.

엘리는 오빠의 눈, 코, 입, 귀, 항문, 생식기에 구멍을 냈어요.
어떤 장난감 친구들은 호기심을 보이며 《백과사전》에서 생식기가 어떻게 생겼는지 찾아보았어요.

딱지 밑에서는 피부 알갱이들이 전속력으로 자라고 개수를 늘리며 상처를 낫게 해요.

피부가 자라는 모습이에요. 알갱이 1개가 2개로 쪼개져요. 2개의 알갱이는 다시 4개의 알갱이로 늘어나요.

가끔은 알갱이가 아주 많이 늘어나기도 해요. 그러면 피부가 혹처럼 부풀어 오르고 흉터로 남지요.

발에 작은 상처가 있는 악어는 어떻게 피부가 다시 자라는지 관찰했어요. 오리는 아기가 생기는 것도 엄마의 피부가 많이 자라서 떨어지는 거냐고 물었어요. 배 속에 아기가 자랄 때 엄마의 배가 커지거든요.

식물들은 그런 방식으로 자손을 낳기도 해요. 하지만 인간은 달라요. 엘리가 나서서 말했어요. "몰라도 돼. 우리는 아기가 아니라 오빠를 만드는 거니까."

아기 만들기

동물이나 식물이 자손을 만드는 것을 생식이라고 해요. 개미, 꿀벌, 도마뱀 같은 동물은 아빠 씨앗 없이 엄마 씨앗만 있어도 아기를 만들 수 있어요. 아빠 씨앗을 정자, 엄마 씨앗을 난자라고 불러요.

대부분의 동물은 아기를 만들려면 정자와 난자가 다 있어야 해요. 정자와 난자는 연어처럼 몸 밖에서 만날 수도 있고, 해마처럼 아빠의 몸에서 만날 수도 있어요. 인간이나 악어처럼 엄마의 몸속에서 만날 수도 있고요. 달팽이는 여자도 되고 남자도 되기 때문에 엄마, 아빠를 가리지 않아요.

악어의 생식 기관

수컷
소변과 정자가 같은 통로를 이용해요.
하지만 동시에 나오는 일은 없어요.

암컷
소변과 난자가 다니는 통로가 달라요.

- 아기 씨앗이 만들어지는 곳 (남자는 고환, 여자는 난소라고 해요.)
- 방광
- 피부
- 소변이 나오는 구멍
- 대변이 나오는 구멍

몸 밖에 있는 아기집과 몸속에 있는 아기집

악어는 아기집이 딱딱해요. 이것이 엄마 악어 몸속에서 자라다가 알이 되어 나와요. 알 속에는 아기 악어가 알을 깨고 나올 때까지 먹고 자랄 영양소가 함께 들어 있어요. 새끼 악어의 몸이 커질수록 알 속의 남는 공간은 점점 줄어들어요.

인간은 배 속에 물렁한 아기집을 가지고 있어요. 이것을 자궁이라고 해요. 자궁은 엄마의 몸속에서 아기와 함께 자라요. 아기는 엄마와 연결된 탯줄을 통해 영양소를 흡수해요. 그렇게 10달 동안 자라다 세상으로 나와요.

장난감 친구들은 아기가 어떻게 만들어지는지 궁금했어요. 아기를 만드는 방법은 동물마다 달랐어요. 하지만 엘리는 관심이 없다며 아예 귀를 막았어요.

아기가 생기려면 아빠의 정자와 엄마의 난자가 서로 만나야 해요. 정자와 난자가 만나려면 남자와 여자의 생식 기관이 서로 만나야 해요. 이렇게 만나서 하나로 합쳐진 것을 수정란이라고 불러요.

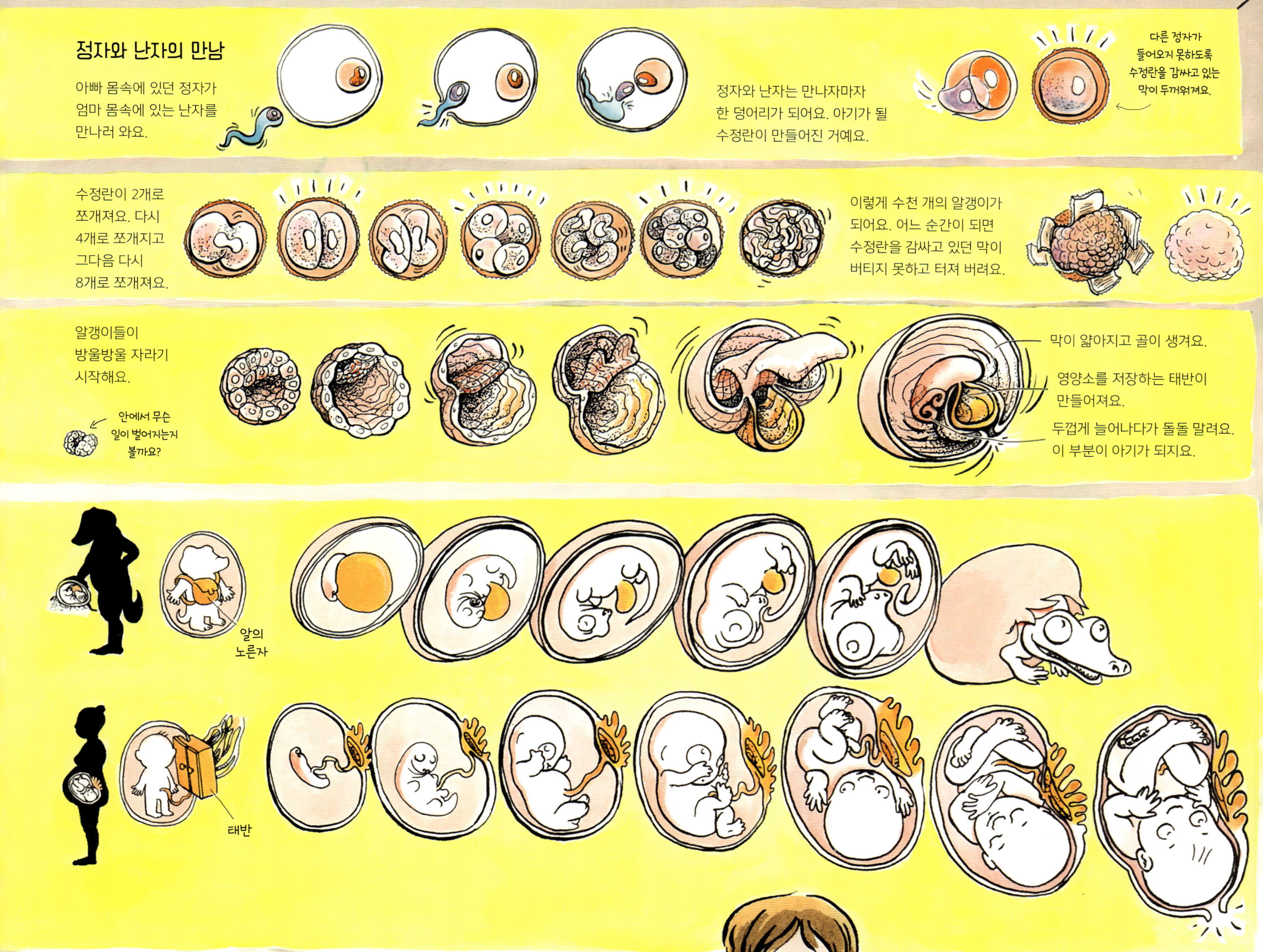

정자와 난자의 만남

아빠 몸속에 있던 정자가 엄마 몸속에 있는 난자를 만나러 와요.

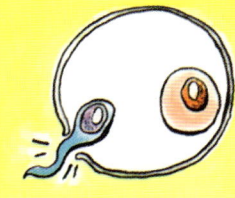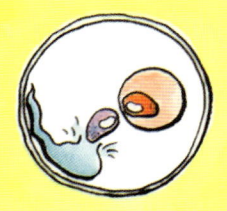

정자와 난자는 만나자마자 한 덩어리가 되어요. 아기가 될 수정란이 만들어진 거예요.

다른 정자가 들어오지 못하도록 수정란을 감싸고 있는 막이 두꺼워져요.

수정란이 2개로 쪼개져요. 다시 4개로 쪼개지고 그다음 다시 8개로 쪼개져요.

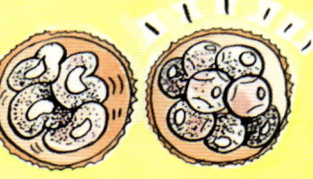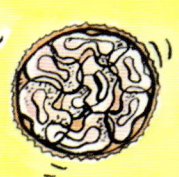

이렇게 수천 개의 알갱이가 되어요. 어느 순간이 되면 수정란을 감싸고 있던 막이 버티지 못하고 터져 버려요.

알갱이들이 방울방울 자라기 시작해요.

← 안에서 무슨 일이 벌어지는지 볼까요?

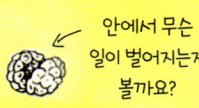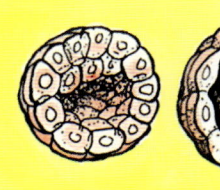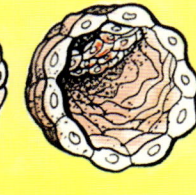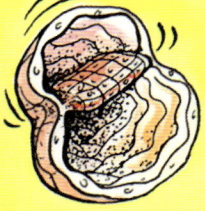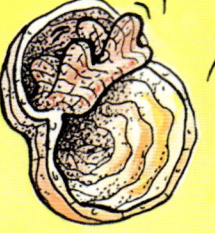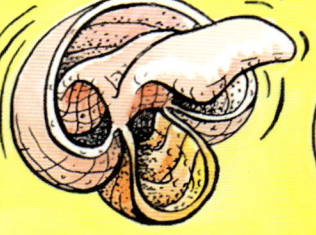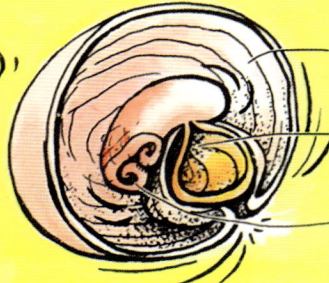

— 막이 얇아지고 골이 생겨요.
— 영양소를 저장하는 태반이 만들어져요.
— 두껍게 늘어나다가 돌돌 말려요. 이 부분이 아기가 되지요.

알의 노른자

태반

"2개의 작은 씨앗이 이런 놀라운 일을 하다니!"
장난감 친구들이 모두 감탄했어요.

| 세포 소기관 | 분자 | 원자 | 전자, 양성자, 중성자 | 쿼크 | ? |

세포 소기관은 더 작은 알갱이인 분자로 이루어져 있어요.

분자는 더 작은 알갱이인 원자로 이루어져 있어요.

원자는 더 작은 알갱이인 전자, 양성자, 중성자로 이루어져 있어요.

전자, 양성자, 중성자는 더 작은 알갱이인 쿼크로 이루어져 있어요.

쿼크는 다시… 쿼크보다 더 단순한 입자들로 이루어져 있어요.

쿼크보다 더 단순한 입자는 너무 작아서 볼 수 없어요. 그래서 무엇으로 이루어져 있는지 알 수 없지요.

앞에서 말한 알갱이들의 크기는 엄청나게 차이가 나요. 세포가 높은 건물이라면 분자는 벽돌 하나인 셈이에요.

세상은 모두 알갱이로 이루어져 있으니까, 알갱이도 알갱이로 되어 있는 거네!

괜찮아?

세포는 알갱이들로 이루어져 있고, 그 알갱이들은 또 다른 알갱이들로 이루어져 있어요. 세포는 가장 작은 생명체이지만 가장 작은 알갱이는 아니에요.

고양이 인형은 알갱이로 만들어진 세상을 상상해 보았어요. 그러다 몸을 이리저리 뒤틀며 말했어요. "으, 생각만 해도 몸이 간지러워!"

털이 난 피부를 확대한 모습

털은 빠지면 다시 자라요.

곧은 털도 있고 구불구불한 털도 있어요.

모근에서 털을 만들어요.

멜라닌이 많을수록 털이 까매져요.

머리 말고 다른 곳에 털이 나는 이유는 뭘까?

여러 동물의 발톱

이곳에서 발톱이 자라요.

손톱이나 발톱을 자르지 않고 계속 기르면 어떻게 될까요?

알 게 뭐야.

엘리는 알갱이는 관심이 없어요. 빨리 오빠를 완성하고 싶을 뿐이에요.
바늘과 실로 오빠 머리에 머리카락을 심고, 눈썹과 속눈썹을 심었어요.
머리카락은 뜨거운 햇빛으로부터 머리의 피부를 보호하고,
눈썹은 빗물을, 속눈썹은 먼지를 막아 줄 거예요.
엘리는 손가락과 발가락에 조개껍데기를 붙였어요.
이것이 손톱과 발톱처럼 충격으로부터 손과 발을 보호할 거예요.

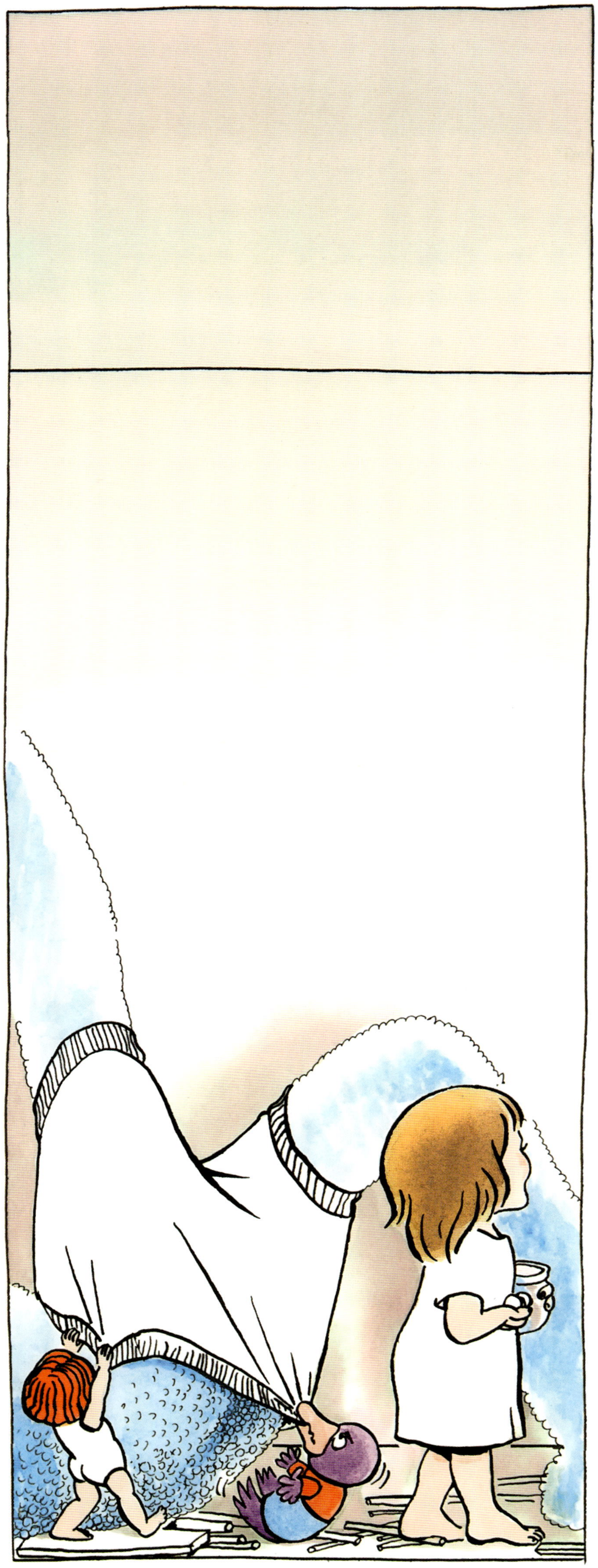

이제 다시 작동시켜 볼 시간이에요.

"작동! 오빠, 일어나!"

오빠가 움직이지 않아요.
또 뭔가 놓친 게 있는 걸까요?

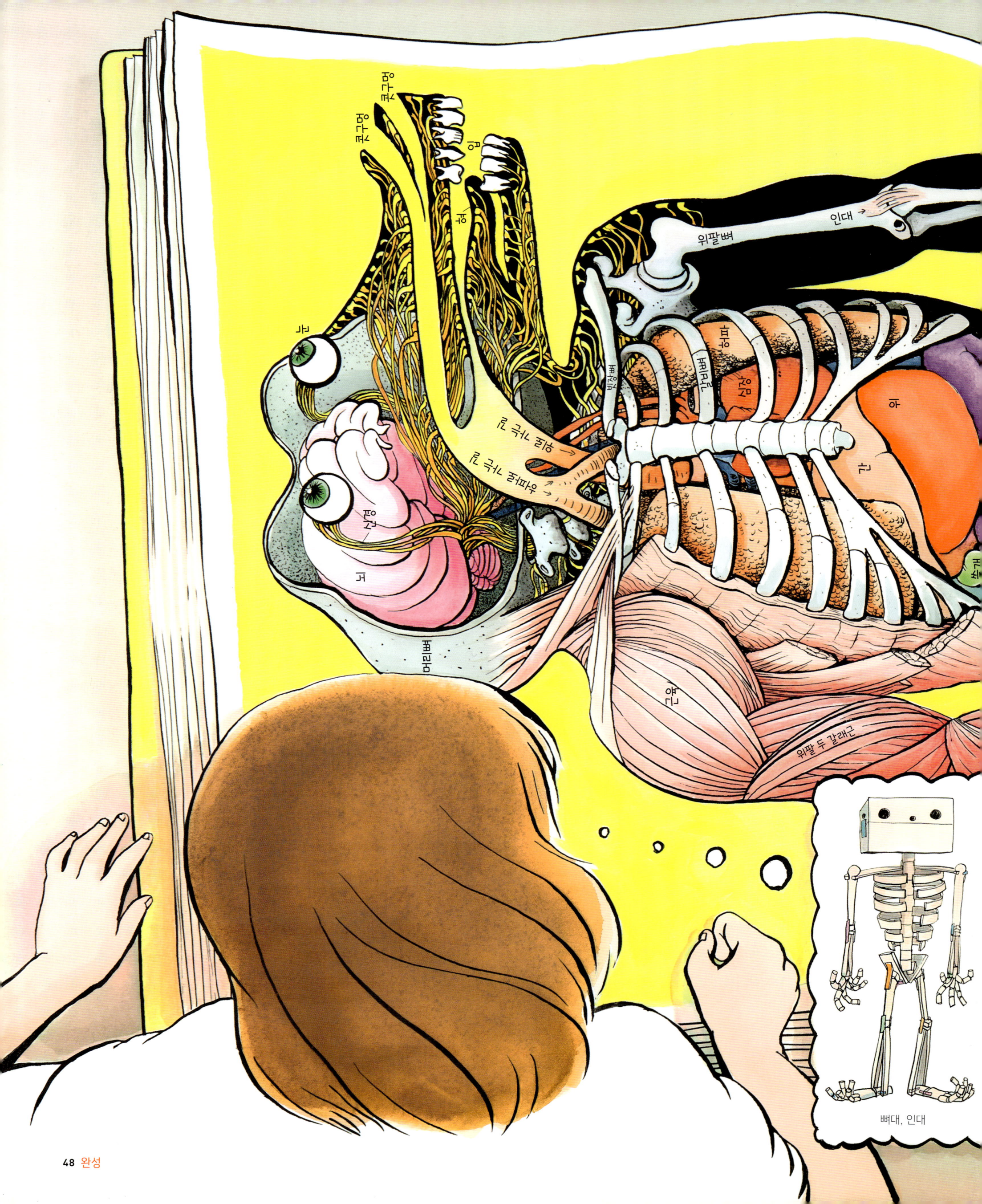

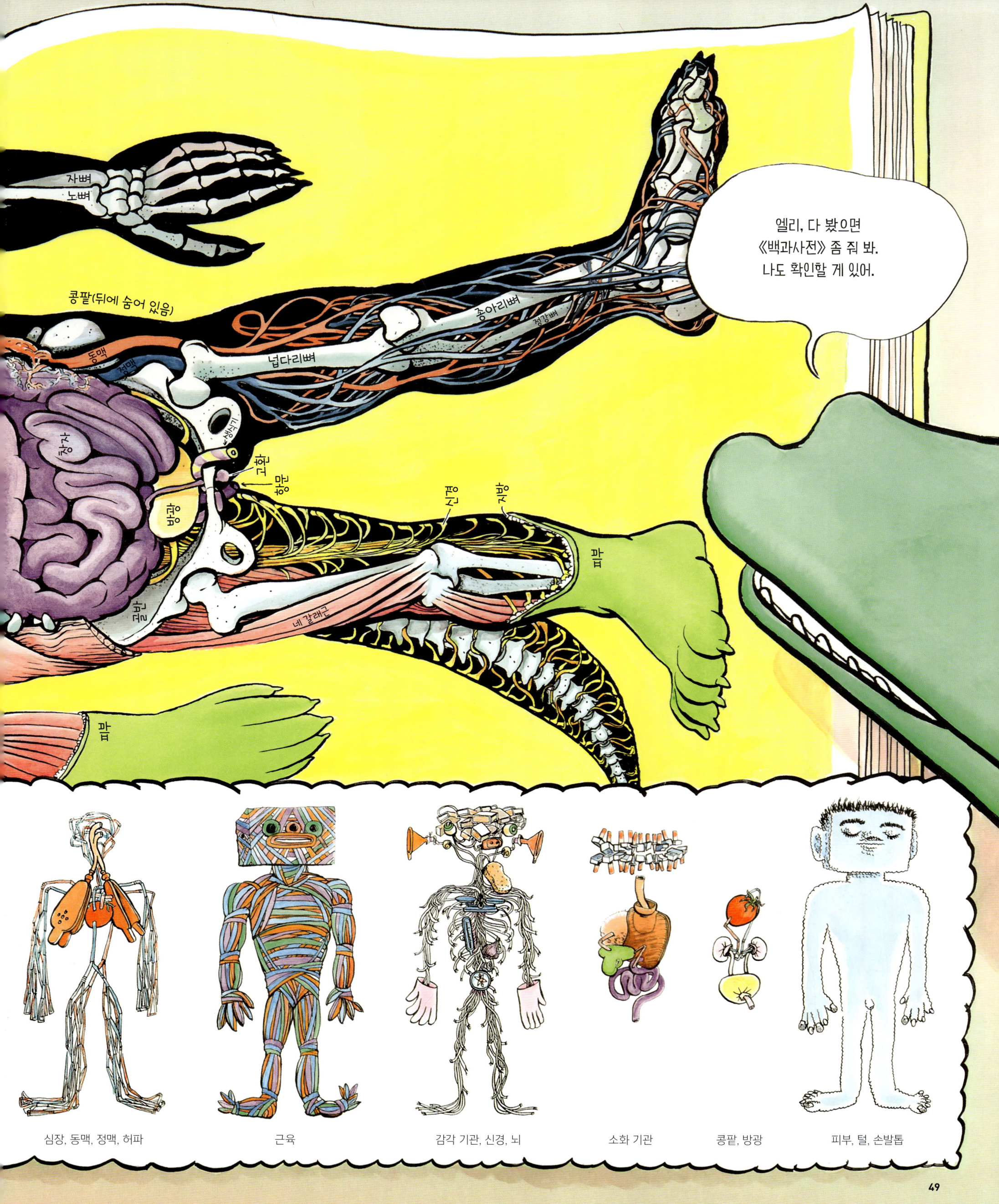

숨
기독교의 성경에 따르면 신은 하늘과 땅, 식물과 동물을 만든 다음, 마지막에 흙으로 인간을 빚었대요. 그리고 그에게 아담이라고 이름을 지어 주고는 코에 숨을 불어넣어 깨웠지요.

문자
유럽 신화에 나오는 프라하의 학자 마하랄은 흙으로 거인 골렘을 만들었어요. 그리고 골렘의 이마에 마법의 문자 3개를 새겨서 그를 깨웠어요. 골렘을 잠재울 때에는 "골렘, 내 신발 끈을 다시 묶어 주겠니?"라고 말했어요. 거인이 엎드리면 마하랄은 세 글자 중 첫 번째 글자를 지웠어요. 그러면 거인은 금세 깊은 잠에 빠져들었어요.

번개
소설 <프랑켄슈타인>에 나오는 프랑켄슈타인 박사는 키가 2미터가 넘는 괴물을 만들었어요. 그러고는 폭풍우가 치는 날 무시무시한 번개로 괴물을 깨웠어요.

악어는 《백과사전》에서 생명을 얻은 피조물의 이야기를 찾아봤어요. 장난감 친구들은 왜 오빠가 깨어나지 않는지 궁금했어요. 자신들은 심장이나 간이 없어도 상관없었거든요.

사실 친구들은 엘리가 오빠를 만드는 게 처음부터 쓸모없는 일이라고 생각했어요.
쉿! 이건 비밀이에요.

마법

동화 〈피노키오〉에서는 제페토 할아버지가 신비한 나무를 발견하고 인형 피노키오를 만들어요. 피노키오는 걷고, 뛰고, 말하고, 장난도 칠 수 있었지만 어디까지나 나무 인형일 뿐이었어요. 엄청난 말썽꾸러기였던 피노키오는 결국 용감하고 착한 아이가 되어요.
파란 머리 요정은 피노키오의 변화된 모습에 감동해 마법으로 진짜 인간으로 만들어 주지요.

사랑

그리스 신화에 나오는 조각가 피그말리온은 자신이 꿈꾸던 여인의 모습을 조각상으로 만들었어요. 그리고 자신이 만든 여인상을 너무도 사랑한 나머지 아내로 맞기를 바랐어요. 사랑의 여신 아프로디테는 피그말리온의 간절한 소원을 듣고 여인상을 살아 있는 인간으로 만들어 주었어요.

앗, 엘리의 동생 마리아나가 나타났어요!

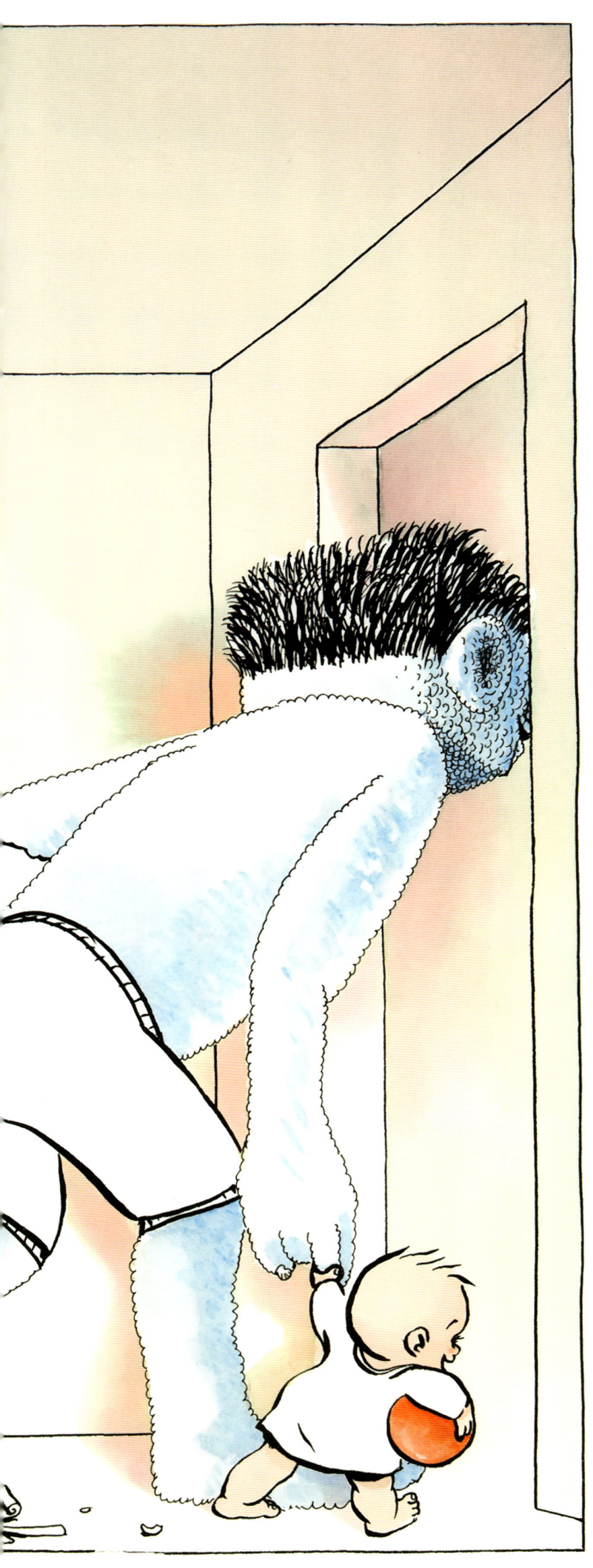

정말 성공했다고?
응! 오빠가 일어났어. 주문은 바로 '같이 놀자'였어!

와아아아아아!

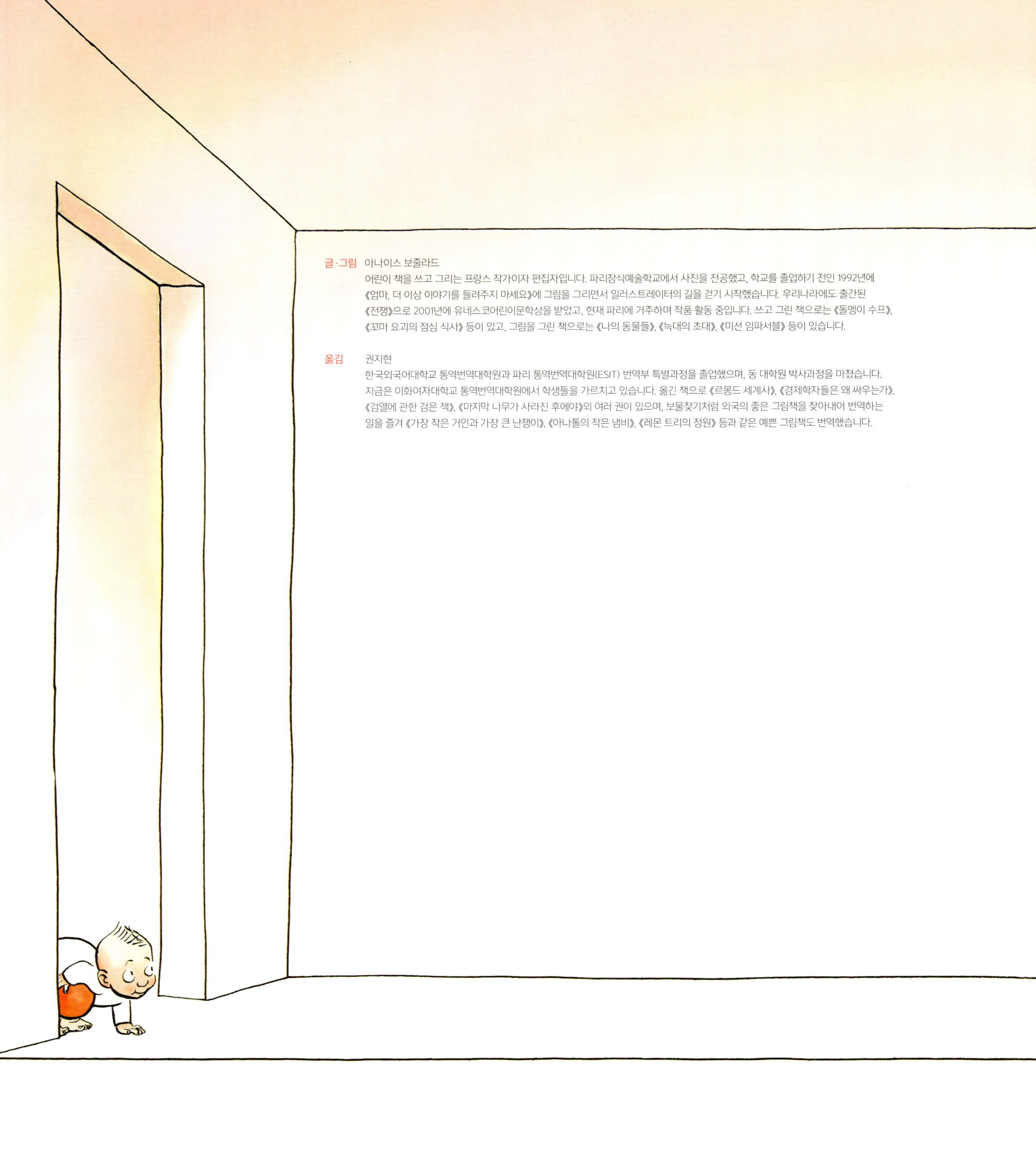

글·그림 아나이스 보줄라드
어린이 책을 쓰고 그리는 프랑스 작가이자 편집자입니다. 파리장식예술학교에서 사진을 전공했고, 학교를 졸업하기 전인 1992년에 《엄마, 더 이상 이야기를 들려주지 마세요》에 그림을 그리면서 일러스트레이터의 길을 걷기 시작했습니다. 우리나라에도 출간된 《전쟁》으로 2001년에 유네스코어린이문학상을 받았고, 현재 파리에 거주하며 작품 활동 중입니다. 쓰고 그린 책으로는 《돌멩이 수프》, 《꼬마 요괴의 점심 식사》 등이 있고, 그림을 그린 책으로는 《나의 동물들》, 《늑대의 초대》, 《미션 임파서블》 등이 있습니다.

옮김 권지현
한국외국어대학교 통역번역대학원과 파리 통역번역대학원(ESIT) 번역부 특별과정을 졸업했으며, 동 대학원 박사과정을 마쳤습니다. 지금은 이화여자대학교 통역번역대학원에서 학생들을 가르치고 있습니다. 옮긴 책으로 《르몽드 세계사》, 《경제학자들은 왜 싸우는가》, 《검열에 관한 검은 책》, 《마지막 나무가 사라진 후에야》 외 여러 권이 있으며, 보물찾기처럼 외국의 좋은 그림책을 찾아내어 번역하는 일을 즐겨 《가장 작은 거인과 가장 큰 난쟁이》, 《아나톨의 작은 냄비》, 《레몬 트리의 정원》 등과 같은 예쁜 그림책도 번역했습니다.

오빠 만들기

아나이스 보줄라드 글·그림 권지현 옮김

1판 1쇄 펴낸날 2019년 8월 12일
펴낸이 이충호 | **펴낸곳** 길벗어린이㈜ | **등록번호** 제10-1227호 | **등록일자** 1995년 11월 6일
주소 04000 서울시 마포구 월드컵북로 45 에스디타워비엔씨 2F | **대표전화** 02-6353-3700 | **팩스** 02-6353-3702
홈페이지 www.gilbutkid.co.kr | **편집** 송지현 임하나 이현성 | **디자인** 디자인서가 김연수 송윤정
마케팅 호종민 김서연 김형주 황혜민 강경선 | **총무·제작** 임희영 최유리 정현미
ISBN 978-89-5582-517-6 77470

Original title: Comment fabriquer son grand frère
Text and illustrations by Anaïs Vaugelade
©2016 l'école des loisirs, Paris
Korean translation copyright © 2019 by Gilbut Children Publing Co.,Ltd

All rights reserved.
The Korean language edition published by arrangement with l'école des loisirs through
Bookmaru Korea literary agency in Seoul.

이 책의 한국어판 저작권은 북마루코리아를 통해 l'école des loisirs 사와의 독점 계약으로 길벗어린이㈜에 있습니다.
신저작권법에 의해 한국 내에서 보호를 받는 저작물이므로 무단전재와 복제를 금합니다.

이 책의 국립중앙도서관 출판예정도서목록(CIP)은 서지정보유통지원시스템 홈페이지(http://seoji.nl.go.kr)와
국가자료공동목록시스템(http://www.nl.go.kr/kolisnet)에서 이용하실 수 있습니다. (CIP 제어번호 : CIP2019021499)